KITCHENS & BATHROOMS

KÜCHEN & BADEZIMMER
CUISINES ET SALLES DE BAIN
KEUKENS & BADKAMERS

Edited by Macarena San Martín

Art director:
Mireia Casanovas Soley

Editorial coordination:
Catherine Collin

Project coordination:
Macarena San Martín

Texts:
Macarena San Martín

Layout:
Nil Solà

Translations:
Britta Schlagheck (German), Lydia de Jorge (English), David Lenoir (French), Els Thant (Dutch)

Editorial project:
2007 © LOFT Publications I Via Laietana, 32, 4.°, Of. 92 I 08003 Barcelona, Spain
Tel.: +34 932 688 088 Fax: +34 932 687 073 I loft@loftpublications.com I www.loftpublications.com

ISBN 978-84-96936-05-8   Printed in China

KITCHENS & BATHROOMS

KÜCHEN & BADEZIMMER
CUISINES ET SALLES DE BAIN
KEUKENS & BADKAMERS

Edited by Macarena San Martín

KOLON

„Ein Kunstwerk lebt mehr von seiner Form als von seinem Material, und es verdankt ihr seine Struktur, seinen Organismus."

José Ortega y Gasset, spanischer Philosoph und Essayist

"A work of art lives more through its form than its material, and owes the essence of its beauty to its structure and its body."

José Ortega y Gasset, Spanish philosopher and essayist

« L'œuvre d'art vit plus par sa forme que par son matériau, et doit sa grâce essentielle à ce qu'elle émane de sa structure, de son organisme. »

José Ortega y Gasset, philosophe et essayiste espagnol

"Een kunstwerk is meer vorm dan materiaal, en de wezenlijke gratie die het uitademt is te wijten aan zijn structuur, zijn lichaam."

José Ortega y Gasset, Spaanse filosoof en essayist

KITCHENS

KÜCHEN
CUISINES
KEUKENS

Es gibt so viele verschiedene leise und leistungsstarke Dunstabzugshauben wie Küchentypen: große oder kleine, moderne oder klassische. Im Allgemeinen werden sie aus rostfreiem Stahl hergestellt, obwohl immer öfter auch innovative Designs, bei denen verschiedene Materialien und Farben kombiniert werden, gewünscht sind.

Silent and very powerful, there are as many types of extractor hoods as there are types of kitchens; small or big, modern or classic. They are generally made of stainless steel, but today, they can be found in a variety of designs, materials and colors.

EXTRACTOR HOODS

Silencieuses et très puissantes, il existe autant de types de hottes aspirantes que de cuisines, grandes ou petites, modernes ou classiques. Elles sont en général fabriquées en acier inoxydable, bien qu'on mise de plus en plus sur des conceptions novatrices, dans lesquelles se mêlent différents matériaux et entre la couleur.

Afzuigkappen zijn geruisloos en krachtig en bestaan in evenveel soorten als er soorten keukens zijn: groot of klein, modern of klassiek. Over het algemeen worden ze uit roestvrij staal vervaardigd, maar steeds vaker zien we meer vernieuwend design, waarbij verschillende materialen en kleuren worden gecombineerd.

Elektrische Haushaltsgeräte wurden mit dem Ziel geschaffen, das Arbeiten in der Küche zu erleichtern. Das wohl wichtigste Gerät unter ihnen ist der Kühlschrank, der in immer größerer Vielfalt hergestellt und stets weiter personalisiert wird. Auch wird immer mehr Wert auf sein Design gelegt. Dies geht so weit, dass er sich manchmal sogar in das Glanzstück der Küche verwandelt.

All appliances were created to simplify kitchen chores. The refrigerator is the main one and each day there are more and more varieties. In fact, there are so many, that at times they become the star element in the kitchen.

ELECTRICAL APPLIANCES

L'électroménager a été créé afin de faciliter les tâches réalisées dans la cuisine. L'appareil principal est le réfrigérateur, dont il existe une variété grandissante, aux utilisations personnalisées. On insiste tant sur son design, qu'il devient parfois l'élément star de la cuisine.

Huishoudelijke apparaten zijn bedoeld om onze taken in de keuken te vergemakkelijken. Het voornaamste toestel is de koelkast, waarvan steeds meer soorten en specifieke modellen bestaan. Design is ook steeds belangrijker. Zo belangrijk dat de koelkast soms alle aandacht in de keuken naar zich toe trekt.

Kaffeemaschinen, Saftpressen, Toaster, Standmixer und kleine Elektrogeräte bilden eine Fülle an Requisiten, die die Arbeit erleichtern und gleichzeitig die Küche schmücken. Von daher wird auf ihr Design besonders viel Wert gelegt.

Coffee makers, juicers, toasters, blenders, and other small appliances make the kitchen chores a lot easier. They also form part of the kitchen's decorations which is why their design is so important.

Les cafetières, presse-agrumes, grille-pain, centrifugeuses et petits électroménagers représentent une infinité d'éléments qui aident aux taches ménagères et décorent la cuisine, et dont le style est particulièrement soigné.

Koffiezetapparaten, fruitpersen, broodroosters, blenders en kleine huishoudelijke apparaten: een onuitputtelijke reeks hulpmiddelen die de keuken opfleuren en waarvan het design dus heel belangrijk is.

Es gibt zahlreichen Zubehör, der dabei hilft, die Organisation innerhalb der Küche aufrecht zu erhalten, um so die Zubereitung der Speisen zu erleichtern. Bei der Herstellung werden verschiedene Materialien wie Stahl, Aluminium, Holz und Naturfasern verwendet, die ein Spiel mit verschiedenen Farben und Formen ermöglichen und gleichzeitig Funktionalität und Design kombinieren.

There are many accessories that help keep the kitchen organized and simplify cooking. They are made of different materials such as steel, aluminum, wood, and natural fiber which facilitates using different colors and shapes to combine function and design.

ACCESSORIES

Il existe de nombreux accessoires qui aident à organiser la cuisine, et rendent ainsi plus faciles la préparation des repas. Pour leur fabrication, sont utilisés des matériaux divers comme l'acier, l'aluminium, le bois et les fibres naturelles, permettant de jouer avec la couleur et les formes, en mêlant fonctionnalité et design.

Verschillende accessoires zijn een hulp bij de organisatie van de keuken en vergemakkelijken het bereiden van de maaltijden. Ze zijn vervaardigd uit verschillende materialen, zoals staal, aluminium, hout en natuurlijke vezels, wat een spel van kleuren en vormen toelaat, en een samengaan van functionaliteit en design.

Klassische Küchen definieren sich durch eine gepflegte Ästhetik mit Modulen oberhalb und unterhalb der Arbeitsbereiche. Das am häufigsten verwendete Material ist Holz in sanften Tönen, das mit Glas oder hellen Materialien kombiniert wird. Die Wände sind gewöhnlich in hellen Farben gestrichen oder mit Tapeten oder Fliesen in Pastelltönen verkleidet.

They are defined by their carefully kept beauty, with cabinets above and below the working surfaces. Light colored wood is widely used in combination with glass or shiny materials. The walls are mostly painted in light colors, or wall papered or tiled in shades of pastel.

CLASSIC KITCHENS

Elles se caractérisent par leur esthétique très soignée, avec des modules dans la partie supérieure et inférieure de la zone de travail. Le matériau le plus utilisé est le bois aux tons clairs, combiné au verre ou aux matériaux lumineux. Les murs sont habituellement peints de couleurs claires, ou revêtus de papier peint ou de carreaux aux tons pastel.

Deze keukens zijn het toonbeeld van verzorgde esthetiek, met modules boven en onder het werkblad. Het meest gebruikte materiaal is lichtgekleurd hout, in combinatie met glas of heldere materialen. De muren zijn gewoonlijk in lichte kleuren geverfd, of behangen of betegeld in pasteltinten.

Innerhalb der Bandbreite klassischer Küchen gibt es auch modernere Modelle. Bei ihnen dominieren das Material Stahl, obwohl es immer mit Holz kombiniert wird, und glatte Flächen, die praktische Arbeitsbereiche schaffen.

Within the assortment of classic kitchens, there are also modern ones in which steel is a common element along with the use of wood and long continuous surfaces that offer space and comfort while cooking.

Dans la gamme des cuisines classiques, il en existe des plus modernes, dans lesquelles dominent l'acier, bien que toujours combiné au bois, et les surfaces continues offrent de pratiques espaces de travail.

Binnen het gamma klassieke keukens zijn er ook modernere, waarin staal overheerst, steeds in combinatie met hout. Dankzij doorlopende oppervlakken ontstaan comfortabele werkbladen.

Man kann das Erscheinungsbild der Küchen alter Herrschaftshäuser auf wenigen Quadratmetern wieder aufleben lassen. Hierzu muss man lediglich den Accessoires, die das Ambiente bestimmen, etwas Aufmerksamkeit schenken.

One can evoke the look of the old stately homes in kitchens where space is limited or reduced. To achieve this, close attention must be paid to the accessories as these define the look of the kitchen.

On peut évoquer l'aspect des cuisines des anciennes maisons seigneuriales dans des cuisines de petites dimensions, pour cela il suffit juste de faire attention aux accessoires, qui définiront l'ambiance.

Er is niet veel plaats nodig om de look van keukens in oude herenhuizen op te roepen: aandacht besteden aan de accessoires, die de sfeer bepalen, is voldoende.

Spülbecken, Wasserhahnarmaturen und Abzugshauben in ihren traditionellsten Versionen betonen den Stil klassischer Küchen. Dies gilt ebenso für schlichtere Elektrogeräte mit einfachem, diskretem Design.

The use of sinks, faucets, and bells, in their traditional styles, enhances the look of the classic kitchen. Just as important is the style of the kitchen's appliances which should be simple, elegant, and discreet.

L'utilisation d'éviers, de robinetteries et de hottes dans leurs versions traditionnelles affirment le style de cuisine classique, comme l'électroménager sobre aux lignes simples et discrètes.

Een zo klassiek mogelijke gootsteen, kraan en afzuigkap ondersteunen de klassieke keukenstijl, net als sobere en discrete huishoudelijke apparaten.

Bei der Dekoration einer klassischen Küche können dekorative Elemente wie Skulpturen aus Stein, Marmor oder sonstigen traditionellen Materialien einbezogen werden, wobei der dekorative Stil der Wohnung beibehalten werden sollte.

When decorating a classic kitchen, ornamental elements can be used, such as sculptures made of stone, marble or other traditional materials in tune with the items used to decorate the rest of the house.

Dans la décoration d'une cuisine classique, peuvent être ajoutés des éléments comme des sculptures en pierre, en marbre ou autres matériaux traditionnels, en suivant la ligne décorative de la maison.

Een klassieke keuken kan worden gedecoreerd met beelden van steen, marmer of andere traditionele materialen, in harmonie met de decoratiestijl van de woning.

49

Der Raum sollte nicht überfüllt und Oberflächen so ordentlich wie möglich gehalten werden. Vor allem sollte es sich um einen praktischen, zweckmäßigen Bereich handeln, der ein ungestörtes Arbeiten ermöglicht.

It is important to maintain the surfaces free of clutter and as clear as possible. This should be a comfortable and practical area that allows working with enough space to arrange the materials to be used.

Il est important de ne pas surcharger l'espace et de maintenir les surfaces dégagées, car il s'agit avant tout d'un lieu pratique et commode qui permet de travailler librement, avec de l'espace pour étaler les matériaux.

Het is belangrijk de keuken niet te overladen, want het moet vooral een praktische en comfortabele ruimte zijn, waar vrij kan worden gewerkt en waar alle materiaal kan worden opgesteld.

51

Der rustikale Stil hat sich auch im Lauf der Zeit und angesichts der verschiedenen Moden und Tendenzen nicht verändert. Er basiert auf den Materialien und Farben, die sich in der Natur auffinden. Natürliches oder dunkel gebeiztes Holz und Stein in Kombination mit Farben wie Weiß, Blau oder Grün herrschen bei diesem Stil vor.

Based on nature's colors and materials, rustic styles have withstood the test of time regardless of tendencies and fashions. Natural or stained wood in combination with white, blue, or green colors prevail in this style.

RUSTIC KITCHENS

Le style rustique est resté immuable au fil du temps et des différentes modes et tendances, car il s'appuie sur les matériaux et les couleurs qui se trouvent dans la nature. Le bois naturel ou obscurci et la pierre, combinés avec des couleurs comme le blanc, le bleu ou le vert, prédominent ce style.

De rustieke stijl heeft de tijd doorstaan en verschillende modes en trends overleefd, want hij put uit materialen en kleuren die we in de natuur terugvinden. Bij deze stijl overheersen natuurlijk of gebeitst hout en steen, in combinatie met wit, blauw of groen.

Rustikale Küchen lassen den bäuerlichen, natürlichen Lebensstil wieder aufleben. Von daher kann man Elemente wie diese unregelmäßig bearbeitete Spüle oder Stühle wie dieser mit einer zierenden Eisenstruktur einbeziehen.

Rustic kitchens recreate the style of nature and country living, which is why elements such as this sink, with an irregular finish, and chairs like this one, with wrought iron ornaments, fit in with the look.

Les cuisines rustiques recréent le style de la vie rurale et naturelle, et on peut y incorporer des éléments comme cet évier au fini irrégulier ou utiliser des chaises comme celles-ci avec une structure décorée en fer.

Rustieke keukens laten de natuurlijke en landelijke levensstijl herleven, waardoor elementen als deze onregelmatig afgewerkte gootsteen of versierde ijzeren stoelen, er uitstekend in passen.

Durch dekorative Details wie antike Küchenleisten mit Kochutensilien, geflochtene Schachteln mit Gewürzen, Schneidebretter aus Holz oder Brotkörbe wird die notwendige Wärme erzeugt, die diesen Küchenstil charakterisiert.

Details like antique decorative guides to hold and display utensils, wicker baskets filled with spices, wood cutting boards, and bread baskets help achieve the necessary warmth desired in this type of kitchen.

Les détails comme les guides de décoration anciens, les paniers en osier pour épices, des planches à découper en bois ou des paniers à pain contribuent à la chaleur de ce type de cuisines.

Details als oude decoratieve rekjes met keukengerei, rieten mandjes met kruiden, houten snijblokken of broodmandjes, zorgen voor de warme sfeer eigen aan dit soort keukens.

Dies sind die aktuellen Küchen, die in verschiedensten Designs angeboten werden, aber einige Eigenschaften gemeinsam haben: Dynamik, Leichtigkeit, einfache Nutzung und leichter Zugriff. Funktionale Elemente verwandeln sie in praktische Bereiche mit einer auf Nutzendifferenzierung basierenden Verteilung. Üblich sind glatte Oberflächen, die ein angenehmes Arbeiten ermöglichen.

They are today's kitchens, with a variety of designs but maintaining some common characteristics. They are light, dynamic, easy to use and accessible. Functional elements make them practical spaces with a distribution based on needs. It is common to have long continuous surfaces to make the work easier.

MODERN KITCHENS

Les cuisines actuelles proposent de nombreux styles, bien que toutes aient des caractéristiques communes : dynamisme, légèreté, facilité d'utilisation et accessibilité. Les éléments fonctionnels en font des espaces pratiques, avec une distribution basée sur la différentiation des usages. L'utilisation des surfaces continues offrent des espaces de travail pratiques.

Dit zijn de keukens van vandaag, met verschillen in design, maar met een aantal gemeenschappelijke kenmerken: dynamiek, lichtheid, gebruiksgemak en toegankelijkheid. Functionele elementen maken er praktische ruimtes van, ingedeeld op basis van de verschillende toepassingen. Vaak worden doorlopende oppervlakken gebruikt, met als resultaat comfortabele werkbladen.

Einige der Materialien, die man bei diesem Küchentyp häufig auffindet, sind Holz und Marmor, wobei allerdings der Hauptprotagonist zusammen mit Folienbeschichtung und Kunstharz der rostfreie Stahl ist.

Some of the materials frequently found in modern kitchens are wood and marble, together with laminates and resins. The real star of the show, however, is stainless steel, which shines on appliances large and small.

Les matériaux qu'on peut rencontrer dans les cuisines modernes, sont le bois et le marbre, bien que le protagoniste soit sans aucun doute l'acier inoxydable, aux côtés des laminés et des résines.

In moderne keukens vinden we soms hout en marmer, maar roestvrij staal speelt de absolute hoofdrol, samen met laminaat en hars.

Rostfreier Stahl verleiht dem Raum Glanz und Helligkeit, was durch helle Farben bei Wänden und Möbeln noch intensiviert wird. Auf diese Weise wird ein Anschein von Sauberkeit erzeugt, und die Küche wirkt zudem geräumiger.

The stainless steel provides light and shine to the space, enhanced by the use of light colors on furniture and walls. This also creates a sensation of cleanliness and makes the space in the kitchen seem bigger.

L'acier inoxydable apporte brillant et luminosité à l'espace, ce qui est favorisé par l'utilisation de couleurs claires pour les murs et les meubles. Ainsi, il créé une sensation de propreté et la cuisine paraît plus grande.

De ruimte wordt licht en helder dankzij het gebruik van roestvrij staal en lichte kleuren op muren en meubels. Dit geeft een schone en ruimere indruk.

Falls der diesen Küchenstil kennzeichnende
rostfreie Stahl mit Holz kombiniert werden soll,
sollten dunkle Farbtöne wie beispielsweise
Wenge gewählt werden, da diese moderner
und weniger natürlich wirken.

Si on mêle l'acier inoxydable de ces cuisines au
bois, on utilise généralement des tons sombres
– comme le wengué – car il présente un aspect
plus moderne que le naturel.

When combining the distinctive stainless steel
of these kitchens with wood, a dark one, such
as wenge, is usually chosen because dark wood
creates a more modern aspect than natural or
light colored wood.

Als het opvallende roestvrij staal in combinatie
met hout wordt gebruikt, dan is dit meestal
donker, bijvoorbeeld wengé, want zo krijgt de
keuken een modernere look dan met natuurlijk
of licht gekleurd hout.

Viele zeitgenössische Küchen sind offen oder wie Wohnküchen mit einem vielseitigem Tisch eingerichtet, der wie der Tisch dieser Küche, die in minimalistischem Stil dekoriert wurde, als Ess-, Schreib- und Arbeitstisch dient.

Many contemporary kitchens are in completely open spaces; like a living room with a multipurpose table in the center, which can be used to eat, to study or to work. This kitchen is decorated in a minimalist style.

De nombreuses cuisines contemporaines sont ouvertes ou de type salon, avec une table polyvalente qui peut servir pour les repas, les études ou le travail, comme celle de cette cuisine, où domine le style minimaliste.

Veel hedendaagse keukens zijn open of halfopen, met een multifunctionele tafel om aan te eten, te studeren of te werken, zoals in deze minimalistisch gedecoreerde keuken.

Diese Küchen haben ein Design und eine Aufteilung, die auf der Gestaltung der professionellen Küchen großer Restaurants basieren. Sie zeichnen sich durch weitläufige Bereiche aus, in denen Funktionalität vorrangig ist. Außerdem werden die Kochutensilien sichtbar platziert. Die Küchen- und Elektrogeräte schaffen einen Anschein von Professionalität.

The design and distribution is based on the professional kitchens of the great restaurants. They have very large spaces for prime functionality and the utensils as well as the appliances are displayed to create a professional look.

INDUSTRIAL KITCHENS

Elles ont un style et une distribution basés sur les cuisines professionnelles des grands restaurants. Elles se caractérisent par des espaces très vastes, dans lesquels prime la fonctionnalité, les ustensiles sont visibles et les appareils électroménagers adoptent un air professionnel.

Het design en de inrichting zijn geïnspireerd op de professionele keukens van grote restaurants. Het zijn heel grote, in de eerste plaats functionele ruimtes. Het keukengerei is zichtbaar en de toestellen en huishoudelijke apparaten geven het geheel een professionele look.

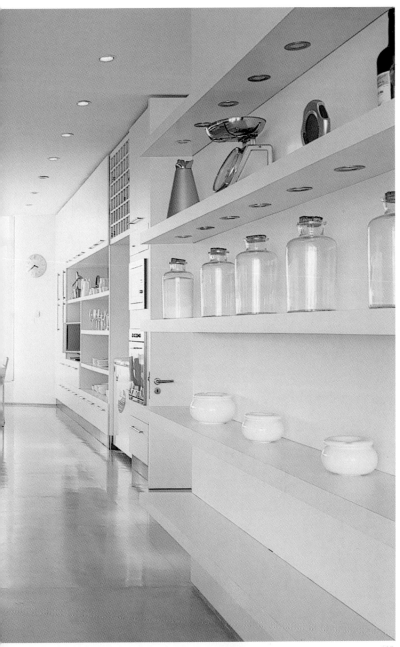

Floor plan

1. Living and dining room
2. Open kitchen
3. Bathroom
4. Bedroom

In Küchen im industriellen Stil ist rostfreier Stahl wegen seiner Widerstandsfähigkeit und einfachen Reinigung das meistverwendete Material sowohl beim Mobiliar als auch bei den Elektrogeräten und Accessoires.

In the very popular industrial kitchens, stainless steel is the most utilized material. It is used in its accessories and appliances, as well as its furnishings. It offers high resistance and easy maintenance.

Dans les cuisines industrielles, l'acier inoxydable est le matériau le plus utilisé, aussi bien pour le mobilier que pour l'électroménager et les accessoires, car il offre une grande résistance et est facile à entretenir.

In industriële keuken zijn meubels, huishoudelijke apparaten en accessoires voornamelijk uit roestvrij staal vervaardigd, want dit is degelijk en makkelijk schoon te maken.

Durch die Kombination aus Stahl und Holz beim Mobiliar oder bei kleineren Details wird ein wärmeres Ambiente geschaffen. Der Boden wird im Allgemeinen mit Fliesen in neutralen Tönen ausgelegt, da man diese leicht reinigen kann.

By combining steel with the wood of the furniture or with the small details of the room, a warmer atmosphere is achieved. The floors are usually tiled in neutral colors which make them easier to clean.

En mêlant l'acier et le bois pour le mobilier ou les petits détails, on obtient des ambiances plus chaleureuses. Le sol est souvent recouvert de carrelage aux tons neutres, un matériau très facile à nettoyer.

Door staal met hout te combineren in de meubels of in kleine details, wordt de sfeer iets warmer. De vloer wordt gewoonlijk betegeld in neutrale kleuren, want dat is makkelijk schoon te maken.

Eine gute Beleuchtung in der Küche, ob
natürlich oder künstlich, ist unerlässlich.
Falls wenig natürliches Licht vorhanden ist,
gibt es Strategien (Wände herausnehmen
oder Glastüren einbauen), um das Lichts
der angrenzenden Zimmer zu nutzen.
Bei künstlicher Beleuchtung sollten eine
Hauptlichtquelle an der Decke und kleinere
Leuchten an verschiedenen Stellen installiert
werden.

Adequate lighting in a kitchen is a must,
whether it is natural or artificial. If there is
not enough natural light, certain strategies
can be used, such as taking down
partitions or installing glass doors to allow
the light in from other rooms. As for
artificial light, it should come from the
ceiling and other strategic areas.

KITCHENS
& LIGHT

Il est indispensable d'avoir une illumination correcte de la cuisine, naturelle ou artificielle. Si on ne dispose pas de la lumière naturelle suffisante, des stratégies – démolir des cloisons ou installer des portes vitrées – permettent l'entrée de la lumière des pièces voisines. La lumière artificielle : une principale au plafond et des petites appliques dans plusieurs zones.

Goede natuurlijke of kunstmatige verlichting is essentieel in een keuken. Indien er niet genoeg natuurlijk licht is, kunnen tussenschotten worden verwijderd of glazen deuren worden geïnstalleerd, die het licht uit de belendende ruimtes doorlaten. De kunstmatige verlichting bestaat uit algemene verlichting aan het plafond en kleine wandlampjes op verschillende plaatsen.

Die Farbe des Küchenmobiliars beeinflusst in direkter Weise die Raumhelligkeit. Von daher ist es empfehlenswert, um Räume hell zu halten, blasse, neutrale Farben wie Weiß, Rohweiß oder Beige zu verwenden.

La couleur du mobilier de la cuisine influence directement sa luminosité, et il est donc conseillé, pour conserver un espace lumineux, d'utiliser des couleurs claires et neutres comme le blanc, l'écru ou le beige.

The colors of the furniture used in the kitchen have a direct influence on its lighting. Because of this, the use of light and neutral colors such as white, off-white and beige, are highly recommended.

De kleur van het keukenmeubilair heeft een rechtstreekse invloed op de lichtsterkte. Het is daarom aan te bevelen heldere, neutrale kleuren te gebruiken, zoals wit, écru of beige.

BATHROOMS

BADEZIMMER
SALLES DE BAIN
BADKAMERS

Heutzutage dienen Badewannen und Duschen nicht mehr nur der Körperpflege, sondern sie sind Teil eines Raumes der Intimität und Entspannung. Von daher werden bei ihrem Design Komfort und Zusatzfunktionen wie Hydromassage berücksichtigt. Bei ihrer Herstellung werden resistente Materialien wie Porzellan, Acryl, Glasfaser oder Marmor verwendet, die vielfältige Designs ermöglichen.

Bathtubs and showers are not just for hygiene anymore. They provide space for intimacy and relaxation, so comfort is considered in its design as well as extra functions like hydro massagers. Resistant materials like porcelain, fiberglass and marble are widely used.

BATHTUBS & SHOWERS

De nos jours, baignoires et douches, au-delà de leur utilisation pour la toilette, offrent un espace réservé à l'intimité et la détente personnelle. Leur conception recherche la confort ; on leur ajoute donc des fonctions comme l'hydromassage. On les fabrique avec des matériaux résistants permettant une grande variété de styles: porcelaine, acrylique, fibre de verre ou marbre.

Vandaag de dag worden bad en douche niet alleen gebruikt voor lichaamsverzorging, het zijn intieme plekken voor persoonlijke ontspanning. Daarom staat het comfort centraal bij het design en worden ook bubbelbaden toegevoegd. Bij de vervaardiging worden resistente materialen gebruikt die diverse stijlen mogelijk maken, zoals porselein, acryl, glasvezel of marmer.

Es gibt für jeden Badtypen auch ein Waschbecken. Sie können je nach Stil des Bads oval, rechteckig, quadratisch oder zylindrisch und aus Porzellan, Glas, rostfreiem Stahl oder synthetischen Materialien hergestellt sein. Klassische Becken haben üblicherweise einen Sockel, während die moderneren diesen nicht haben, sondern in einer Platte oder in einem Möbel eingelassen sind.

There is a different sink for every type of bathroom. They can be oval, rectangular, square or cylindrical and can be made of porcelain, glass, stainless steel, or synthetic materials. The older ones usually have a stand while the more modern ones float, sit on or are built into the counter.

SINKS

Il existe un lavabo pour chaque salle de bain. Ils peuvent être ovales, rectangulaires, carrés ou cylindriques et fabriqués en porcelaine, verre, acier inoxydable ou matériau synthétique, toujours selon le style de la salle de bain. Les plus classiques sont posés sur une colonne et les plus modernes sont flottants, intégrés à un plan de travail ou encastrés dans un meuble.

Er is een wastafel voor elke soort badkamer. Ze kunnen ovaal, rechthoekig, vierkant of cilindervormig zijn, van porselein, glas, roestvrij staal of synthetisch materiaal. Klassieke wastafels hebben een sokkel, terwijl modernere zwevend zijn, of ingebouwd in een aanrecht of meubel.

151

Marmor ist ein gebräuchliches Material für Waschbecken, da es sehr beständig ist. In Kombination mit anderen Materialien entstehen unterschiedliche Effekte: Kombiniert mit Porzellan ein klassisches, mit Keramik ein modernes Flair.

Marble is frequently used on sinks because of its durability. When combined with other materials, different effects can be attained; with smooth porcelain – a classic look, with small ceramics – a more modern look.

Le marbre est un matériau souvent utilisé pour les lavabos, car il dure. Le marbre se mêle à d'autres matériaux et donne différents effets : avec une porcelaine unie, un aspect classique et avec de petits carreaux, un air moderne.

Marmer wordt vaak gebruikt voor wastafels, vanwege de duurzaamheid. In combinatie met andere materialen ontstaan verschillende effecten: met glad porselein een klassieke, met kleine tegels een moderne uitstraling.

Bei innovativeren Waschbecken werden Funktionalität und Design kombiniert. So werden sie zu Dekorationsobjekten des Badezimmers. Sie werden je nach Stil des Bads in verschiedenen Materialien und Farben hergestellt.

The newer sinks combine functionality and design – the latter being very important – and thus become another decorative piece in the bathroom. They come in many colors and materials to suit the desired style.

Les lavabos les plus novateurs combinent fonctionnalité et style ; ils en deviennent une pièce presque décorative de la salle de bain. Ils existent différents matériaux et couleurs, et varient selon le style de la salle de bain.

De meest vernieuwende wastafels combineren functionaliteit met design en zijn als het ware een decoratief element in de badkamer. Ze bestaan in verschillende materialen en kleuren, afhankelijk van de badkamerstijl.

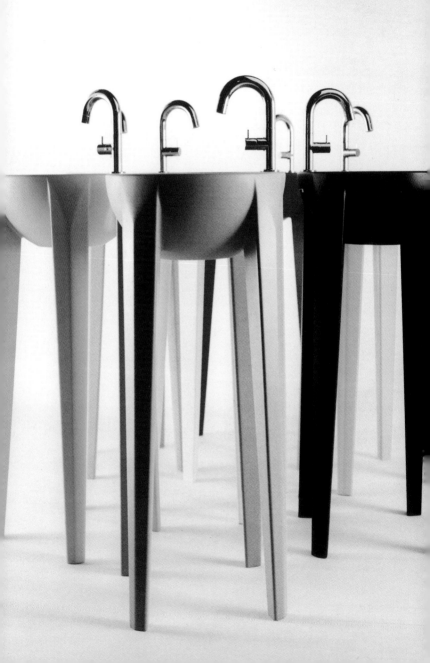

Eine Armatur besteht aus Grundelementen, die perfekt an die zahllosen Optionen bei Waschbecken, Badewannen und Duschen angepasst sind. Gewöhnlich wird für Waschbecken und Dusche das gleiche Modell etwa mit drehbarem Wasserauslass, Einhebelmischarmatur oder auch mit Doppelhahn ausgewählt. Einige Modelle ähneln antiken Armaturen. Modernere Armaturen haben lange, gebogene Hähne.

Fixtures are basic pieces adapted to the multiple options of sinks, tubs and showers. Commonly the same style is used for the sink and the tub and can have a moving spout, a stationary one, or even a double spout. Some are inspired by old-fashioned plumbing and the modern ones have long curved spouts.

FIXTURES & ACCESSORIES

La robinetterie est formée de pièces élémentaires parfaitement adaptées aux multiples options de lavabos, baignoires et douches. On utilise le plus souvent le même robinet pour la zone de toilette et de douche ; il est à tube pivotant, à mitigeur, ou double robinet. Il existe des modèles inspirés de robinetteries anciennes, les plus modernes proposent des tubes longs courbés.

Kranen zijn basiselementen die perfect passen bij de verschillende soorten wastafels, badkuipen en douches. Gewoonlijk wordt dezelfde kraan gebruikt voor de wastafel en de douche: een draaikraan, mengkraan of zelfs een dubbele kraan. Sommige modellen zijn geïnspireerd op oude kranen en de modernere kranen zijn lang en gebogen.

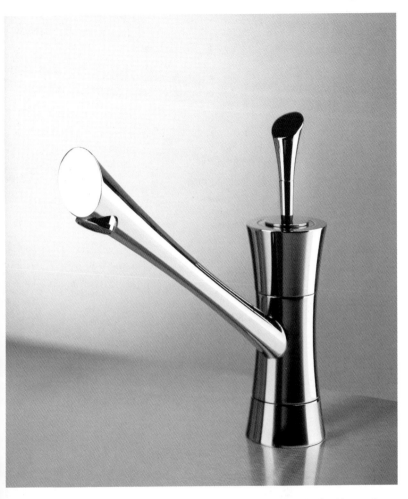

Alle Armaturen werden aus rostfreiem Stahl
hergestellt, da er der Schleifwirkung des Wassers
gegenüber sehr beständig ist. Es sind die Form
und der Schliff, die ihnen einen klassischeren
oder zeitgenössischeren Stil verleihen.

Today, all faucets are made of stainless steel
because of its high resistance to corrosion.
Their shape and finish are the characteristics
that define their style, which ranges from classic
to contemporary.

Toutes les robinetteries sont fabriquées en acier
inoxydable pour sa grande résistance à la corrosion.
La forme et le fini sont les caractéristiques qui
donnent un style classique ou contemporain à
ces pièces.

Alle kranen zijn uit roestvrij staal vervaardigd
omdat dit zeer bestand is tegen corrosie. De
vorm en afwerking bepalen of de stijl klassiek of
hedendaags is.

Einhebelmischarmaturen sind die einzigen Armaturen, die nicht unbedingt aus Stahl sein müssen. So ist es möglich, Materialien wie Kunstharz oder Acryl einzubeziehen, und mit verschiedenen Farben und Texturen zu spielen.

The mixing tap is the only faucet that does not necessarily have to be stainless steel. This allows the use of other materials like resin or acrylic with the different textures, opacities and colors.

Le mitigeur est la seule pièce de robinetterie qui ne doit pas être nécessairement en acier, ce qui permet d'incorporer des matériaux comme la résine ou l'acrylique et jouer avec les différentes textures, opacités et couleurs.

Een mengkraan is de enige kraan die niet per sé uit staal gemaakt hoeft te zijn. Hierdoor is het mogelijk bijvoorbeeld hars of acryl te gebruiken, en met verschillende kleuren en texturen te spelen.

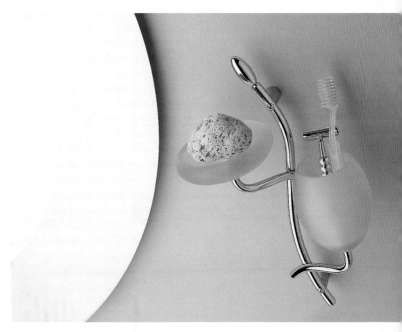

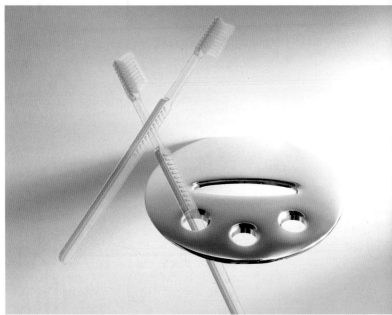

Das Zubehör ist bei der Definierung des Stils eines Badezimmers und bei der Schaffung eines bestimmten Ambientes fundamental. Der gleiche Raum kann je nach Accessoires orientalisch oder auch minimalistisch angehaucht sein.

Accessories are fundamental in defining the style of the bathroom and giving it the final touches. The same space can acquire an oriental air, or perhaps a bit of minimalist, depending on the accessories used.

Les accessoires sont fondamentaux au moment de choisir le style de la salle de bain et de donner la touche finale. Le même espace peut adopter un style oriental ou plus minimaliste en fonction des éléments qui le complètent.

Accessoires zijn essentieel voor de stijl van de badkamer en zorgen voor de finishing touch. Eenzelfde ruimte kan een oosterse of juist minimalistische stijl krijgen afhankelijk van de accessoires die worden gebruikt.

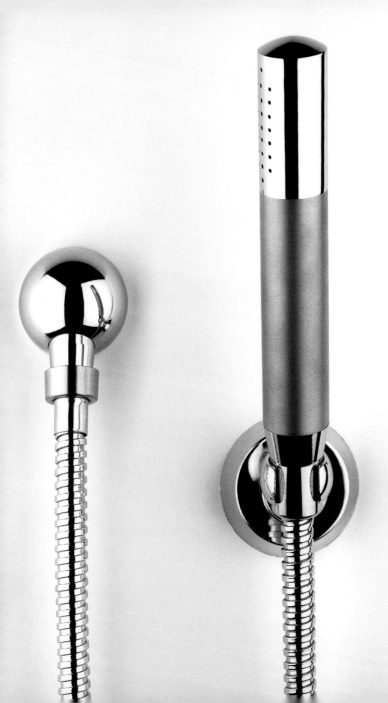

Der Stil eines Badezimmers wird durch die Materialien und durch kleine Details definiert. Das für klassische Badezimmer prädestinierte Material ist Marmor, das Schönheit und Eleganz ausstrahlt und zudem äußerst wasser- und dampfresistent ist. Im Allgemeinen sind diese Badezimmer großräumig und verfügen über eine Badewanne und ein Fenster, durch das natürliches Licht einfällt.

The style of a bathroom is defined by the materials as well as the details. The material of choice for the classic bathroom is marble, beautiful and elegant, and very resistant to water and steam. Generally these bathrooms are spacious, have a tub and a window for natural light.

CLASSIC BATHROOMS

Le style d'une salle de bain est défini par les matériaux et par les petits détails. Le matériau par excellence des salles de bain classiques est le marbre, d'une grande beauté et élégant, en plus d'être très résistant à l'eau et à la vapeur. Ces salles de bain sont souvent de grandes dimensions et disposent d'une baignoire et d'une fenêtre qui apporte la lumière naturelle.

De stijl van een badkamer hangt af van zowel het materiaal als de kleine details. Het materiaal bij uitstek in klassieke badkamers is marmer, want het is mooi en stijlvol, en is uitstekend bestand tegen water en stoom. Over het algemeen zijn deze badkamers groot, voorzien van een bad en een raam waardoor natuurlijk licht binnenschijnt.

Große Badezimmer haben drei abzugrenzende Bereiche: Nass-, Pflege- und Waschbeckenbereich. Dieser letztere erfordert am wenigsten Intimität, weshalb er im Allgemeinen von allen Bereichen am nächsten an der Tür liegt.

Most large bathrooms have three defined zones: bath and/or shower, sanitary, and dressing table. Of the three, the latter requires less privacy, so in most cases it is the area closest to the entrance.

Les grandes salles de bain ont trois espaces délimités : eau, sanitaire et toilette. Ce dernier a besoin de moins d'intimité, et il se trouve donc souvent plus près de la porte.

Grote badkamers bestaan uit drie afgebakende zones: bad of douche, sanitair en wastafel. De wastafel is vaak het dichtst bij de deur, omdat deze de minste privacy vereist.

Eine gute Art der Abgrenzung des Nass- und des WC-Bereichs in Badezimmern in denen dies nicht durch das Mobiliar oder Trennwände erfolgen kan sind Fliesen in den verschiedenen Bereichen in unterschiedlichen Größen und Farben.

When a bathroom is too small to allow the use of walls or furniture to divide the zones, it's a good idea to use tiles of different shapes and colors on the floors of each area to differentiate them.

Une bonne manière de séparer les zones d'eau de celle de la cuvette dans une petite salle de bain, où il n'est pas possible de le faire grâce au mobilier ou aux cloisons, c'est le carrelage de couleur et de taille différentes.

Om het bad of de douche van het toilet te scheiden in een kleine badkamer, waar dit niet mogelijk is met meubels of scheidingswanden, kunnen tegels in verschillende groottes en kleuren worden gecombineerd.

Hier ist das Bad kein verborgener Ort mehr. Es öffnet sich der gleichzeitigen Benutzung durch mehrere Personen, ohne an Intimität zu verlieren. Es hat kein definiertes Konzept und somit einen beinahe eklektischen Stil, bei dem jeglicher Inspiration durch die Vergangenheit abgesagt wird. Es werden ungleiche Materialien kombiniert und Elemente von originalem Design ausgewählt.

Here the bathroom becomes a shared space for the whole family without losing individual privacy. The style is almost eclectic, undefined, and far from past influences. Its design combines different materials favoring elements of original lines.

MODERN BATHROOMS

Ici, la salle de bain n'est plus un espace caché mais s'ouvre pour être utilisée par plus d'un membre du foyer, sans pour autant perdre son intimité. Elle propose un style presque éclectique, sans conception totalement définie, qui fuit les inspirations du passé. Pour sa conception, on combine plusieurs matériaux et on mise sur les éléments aux lignes originales.

Hier is de badkamer geen verborgen ruimte meer, maar een ruimte waarvan meerdere mensen tegelijk gebruik kunnen maken, zonder aan intimiteit in te boeten. De stijl is bijna eclectisch, zonder duidelijk gedefinieerd concept, en breekt volledig met het verleden. Het design put uit een mengeling van materialen en origineel ontworpen elementen hebben de voorkeur.

Das natürliche Licht ist in diesem großen, offenen Raum eines der wichtigsten Elemente. Um die Badewanne zu verkleiden, wurde opakes Glas, das mit buntem Acryl kombiniert wurde, verwendet.

Natural light is one of the key elements in this large, open space. The bathtub is surrounded by opaque glass combined with acrylics of different colors, thus creating a very well lit, delicate atmosphere.

La lumière naturelle est un des éléments clés de ce grand espace ouvert. Pour couvrir la baignoire, on a utilisé du verre opaque combiné aux acryliques de différentes couleurs, créant une ambiance lumineuse et délicate.

Het natuurlijke licht speelt de hoofdrol in dit ruime en open vertrek. De badkuip heeft een ombouw van mat glas, in combinatie met acryl in verschillende kleuren, wat een heldere en stijlvolle sfeer schept.

Unterschiedliche Farbkombinationen verleihen dem Bad ungleiche Erscheinungsbilder. Mit Blau und Weiß erzielt man eine Eleganz im Bad, die durch das Design des Mobiliars ergänzt wird, um ein innovatives Flair zu bewahren.

Different color combinations can give a bathroom various atmospheres. Blue and white always creates elegant bathrooms that lean on the style of the furniture to enhance that innovative look.

Les différents mélanges de couleurs utilisés donnent différentes atmosphères à la salle de bain. Le bleu et le blanc créent des salles de bain élégantes qui s'appuient sur les lignes du mobilier pour garder un aspect novateur.

Verschillende kleurencombinaties roepen verschillende sferen op in de badkamer. Door blauw en wit te combineren wordt de badkamer stijlvol, wat door het ontwerp van het meubilair wordt onderstreept.

Man kann praktische und elegante Badezimmer auch in kleinen Räumen unterbringen. Es reicht aus, durch gewisse Strategien, etwa durch viel Licht, die Illusion eines großen Raumes zu erzeugen. Hierbei helfen Spiegel, die das Licht verstärken, und helle Farben, die es reflektieren. Auch sollte man kleine Armaturen und Möbel auswählen und das Waschbecken in die Wand einlassen.

A practical and elegant bathroom can be achieved in a small space by using certain strategies to create a visual illusion of spaciousness: Lots of light, mirrors to multiply it, and light colors to reflect it. Small furnishing and plumbing and attaching the sink to the wall also help.

SMALL BATHROOMS

Pour obtenir une salle de bain pratique et élégante dans un petit espace, il suffit de créer l'illusion visuelle d'un espace plus grand en utilisant certaines stratégies, comme introduire beaucoup de lumière. On s'aide de miroirs qui la diffusent, et de couleurs claires qui la reflètent. On peut utiliser une robinetterie et du mobilier de petite taille et encastrer le lavabo.

Ook in een kleine ruimte is een praktische en smaakvolle badkamer mogelijk. Door veel licht binnen te laten scheppen we de visuele illusie van een grotere ruimte. Het gebruik van spiegels en heldere kleuren, waarop het licht weerkaatst, maakt de ruimte nog groter. Kleine kranen en meubilair en een in de muur ingebouwde wastafel komen hier ook van pas.

Trotz dekorativer Überladung, die Räume in der Regel kleiner wirken lässt, hat man es mit Hilfe von Spiegeln und der Verwendung von Goldtönen, die dem klassischen Stil eigen sind, geschafft, den Raum größer wirken zu lassen.

Malgré une décoration très chargée, qui tend généralement à réduire visuellement les espaces, cette salle de bain se révèle plus spacieuse grâce aux miroirs et à l'utilisation du doré, propres au style classique.

In spite of an overloaded decoration; which generally reduces space visually, this bathroom manages to increase the visual space by using mirrors and the color gold, which are very typical of classic styles.

Ondanks de barokke decoratie, die een ruimte gewoonlijk visueel verkleint, ziet deze badkamer er groter uit door de spiegels en het gebruik van goudkleur, eigen aan de klassieke stijl.

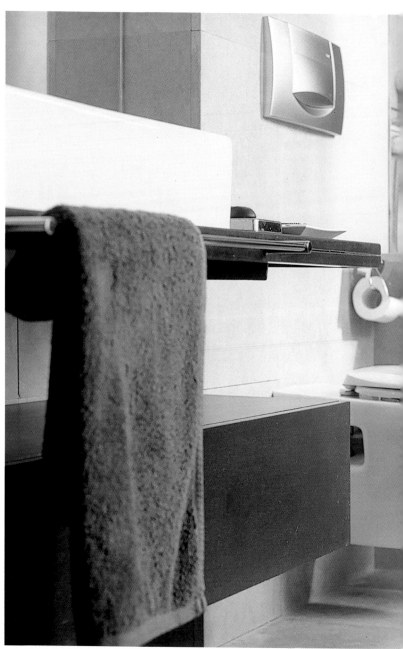

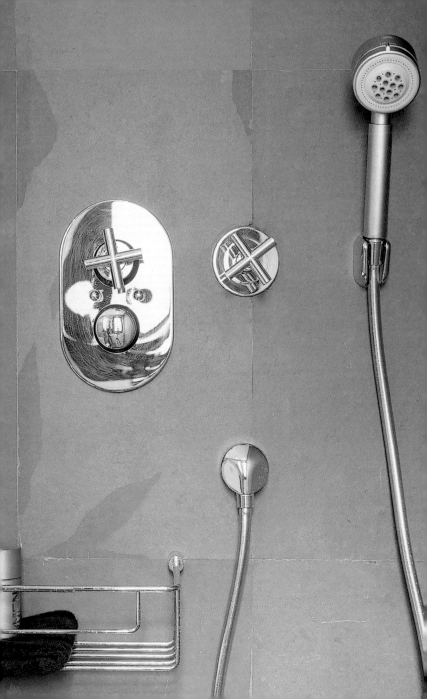

In kleinen Bädern mit dunkel gestrichenen oder verkleideten Oberflächen, die das Licht verschlucken, empfiehlt es sich, helle, glänzende Elemente einzubeziehen, da diese das Licht reflektieren und so einen Ausgleich schaffen.

In small bathrooms, if the walls are painted or papered in dark colors that absorb light, shiny elements and light colored accessories are recommended, as they reflect the light and thus balance out the space.

Si dans une salle de bain, on peint ou recouvre les surfaces de couleurs sombres, qui absorbent la lumière, il est conseillé de les accompagner d'éléments clairs et brillants qui reflètent la lumière afin d'équilibrer l'espace.

Als in een kleine badkamer de wanden zijn behangen of beschilderd met donkere kleuren die het licht absorberen, is het raadzaam lichte en glanzende elementen toe te voegen, want deze weerspiegelen het licht en brengen de ruimte in evenwicht.

Bei diesem Bad wird das kräftige Rosa, das für die Wände verwendet wurde, beim Mobiliar durch ein Weiß ergänzt und durch Finessen in Goldtönen zum Leuchten gebracht, um zu vermeiden, dass der Raum zu klein wirkt.

Dans cette salle de bain, la couleur rose intense des murs est complétée par le blanc du mobilier et est illuminée par des détails aux tonalités dorées pour éviter que, visuellement, l'espace rapetisse.

In this bathroom, the strong pink color that has been used on the walls, is complemented by the use of white furniture and is illuminated by using details in tones of gold to avoid visual shrinking of the space.

In deze badkamer wordt de felle roze kleur met wit aangevuld en verhelderd met details in goudkleurige tinten, om te vermijden dat de ruimte visueel kleiner wordt.

SALLES DE BAIN ET LUMIÈRE

La salle de bain est souvent la plus petite pièce de la maison. C'est pourquoi il convient de soigner particulièrement son éclairage, qui contribue directement à la sensation d'espace qu'on y ressent – ou pas. Il faut utiliser des matériaux clairs et d'aspect léger, aussi bien pour les murs que pour le sol et le mobilier. Mobilier qui doit être disposé de façon à ne pas gêner l'entrée de lumière.

L'utilisation d'un parquet clair dans une salle de bain, qu'il s'agisse de pin, de chêne ou de hêtre, est une bonne option. En plus d'apporter chaleur et luminosité à l'espace, c'est un matériau verni, et donc résistant à la vapeur.

Les murs acquièrent une belle finition avec ces carreaux aux tons variés, dans une gamme de couleurs chaudes. Résultat : une ambiance chaleureuse et accueillante.

La lumière artificielle altère la couleur des murs, des meubles et des accessoires. Il est donc préférable d'utiliser des ampoules halogènes, qui donnent une lumière blanche et franche, et qui durent plus longtemps qu'un éclairage traditionnel.

L'aspect brillant de l'acier inoxydable des robinets apporte plus de luminosité que le choix d'un fini mat. L'idéal est de l'utiliser quand les murs sont recouverts de matériaux opaques qui, eux, ne reflètent pas la lumière.

PHOTOGRAPHIC DIRECTORY